怒出真相

黃玉薇 著

怒出真相
作者／黃玉薇
總編輯／馬鎮梅
責任編輯／劉綺華　伍詠慈
封面・美術設計／劉碧雲
內文插圖／鄺志傑
出版發行／突破出版社
香港沙田亞公角山路33號突破青年村
電話：2632 0000　傳真：2632 0388
電郵：breakthrough@breakthrough.org.hk
網址：http://www.breakthrough.org.hk
http://www.btproduct.com
承印／陽光印刷製本廠
2010年6月初版1刷

Anger & Pain
by Connie Wong Yuk-mei
First Printing, First Edition, June 2010

ISBN 978-962-8996-93-3

承蒙 Tyndale House Foundation 贊助本書之製作及出版經費，謹此鳴謝。
Acknowledgement: The production cost of this book is sponsored by the Tyndale House Foundation.

本書採用環保油墨印刷

在情緒的錯覺中

走下陰沉的梯角

才得見那片寬闊之地

而成長就在那裏開始

feel

感覺•我

心　靈　關　顧

目錄

怒火處處

・下午一時正，辦公室

辦公室內各人忙着收拾案頭的文件，預備出外用膳，文惠走到小芬辦公桌前，找她結伴同祭五臟腑。小芬卻一臉怨氣，原來上司在五分鐘前才把下午企劃會議的文件交來，吩咐她在會議前將一切資料準備妥當。小芬想來，現在她沒有足夠時間用膳，上司又經常不給予足夠時間完成工作，這次同樣情況又再出現，上司必然指責她辦事不力；想到這裏，小芬氣憤得哭了出來！

• 下午一時零一分，公路上

小明大聲斥責剛把車子緊急剎停的美儀：「搞什麼，姊！你剛才沒有看清楚路面嗎？沒有拉好變速桿嗎？沒有預先檢查的嗎……差點兒就要撞毀爸爸的車啦！」美儀的心神才剛鎮定下來，回想剛才發現車子機件失靈，心裏非常害怕，但為免嚇壞弟弟，只好按捺心中的驚恐，儘量保持冷靜，好不容易才把車子剎停，幸好沒出意外。想不到弟弟竟如此斥責她，她又訝異又氣憤！

• 下午一時零二分，大學飯堂

子誠獨坐飯堂一角，只顧將飯菜塞進口中，食不知味。他腦海不停浮現早上課堂小組匯報的情景：教授在全班同學面前讚賞他們的小組報告論點獨特、設計周密，子誠心裏為小組共同努力後獲得的稱讚而欣喜，沒想到組員榮達突然站起來，多謝教授的嘉許，言語間還暗示這是他個人的卓見與努力！想到這裏，子誠氣得再嚥不下一口飯！

・下午一時零三分，中學課室

淑敏正想回教員室小休，突然聽到課室傳來轟然巨響，她急忙跑回課室，發現一羣學生圍着叫嚷，少強站在當中，堅硬的黑板竟被他赤手空拳捶得裂開。同學們七嘴八舌批評少強小器：只不過是開個玩笑，何須大發雷霆！少強聽到同學們的譏誚話，就更憤怒，想握拳揮向他們。淑敏眼見形勢不妥，為免情況惡化，她將少強帶往另一房間，先讓他平息怒氣。

不受歡迎的傢伙？

生活在香港這個現代化、充滿競爭和壓力的城市，短短數分鐘的縮影，隨處可見憤怒的蹤迹。憤怒，是你我共有的情緒、日常生活常見的體驗、人類普遍的情緒表現。它是悲劇之源：

多少人際關係因怒氣而疏離，多少佳偶因憤懟變成怨偶，多少幸福家庭因暴力而破碎，多少團隊組織因分裂而衰微……

另一方面，憤怒卻是推動人尋求個人或羣體福祉的動力：有人因憤怒作出平日不敢作的行動來維護個人尊嚴、有人組織社團為弱勢羣體發聲、有人則為民族國家尋求公義。

憤怒，既為人熟識，又使人害怕，看來不是受歡迎的傢伙，但實情是否如此？原來憤怒的面紗下有着眾多不為人知的新領域。讓我們認識憤怒，聆聽背後的信息，學習處理及善用憤怒。讓我們先了解憤怒的成因。

2 我生氣了

在了解憤怒的成因之先，我們須對情緒有所認識。心理學家指情緒是與生俱來的，每個人的喜怒哀樂，正是個人對外在事物的反應，和對外在環境的評估，也反映了內心的需要和動機，是引發反應的動力。所以，情緒是人類求生的本能。

情緒警鐘

有時我們未必能即時意識到自己的思緒來回應身處的境況，情緒卻能推動我們作出回應。例如當你看見別人很憤怒，你會飛快地跑開。及至你回顧剛才的情況，會發現原來是內心感到恐懼，意會有危險迫近，所以立刻採取行動，離開現場。如果到你意識到現場有危險，你的思想告訴你：「有事發生！」然後才下決定：「離開現場！」可能已走避不及了。

我們的情緒反應遠比思想的過程迅速，這是為了加強求生的能力，回應內在目標和引發行動。情緒就像保安系統，在我們面對危險時，發出警告信號，好及時採取適當行動保護自己。

情緒信號燈

情緒好比信號燈，在人際關係上提供關於自己和別人的信息。

偉文是個大學生，一向沉靜內儉，尚未談戀愛。他十分欣賞同系中一位女同學詠芯，她待人親切真誠，偉文每次見到詠芯也會心跳加速，惟因她身旁友伴眾多，不知如何接近。今早當偉文踏進校園，詠芯正在遠處朝他的方向走過來，偉文主動上前打招呼，詠芯報以微笑，閒談數句後，偉文便邀約她共進早餐。

讓我們細看情緒在上述過程中的作用吧——偉文一直對詠芯有好感，心儀的人出現眼前，又無其他人在旁，自然即時感到開心雀躍。過去他怕詠芯在眾人面前拒絕自己，這次是邀約的好時機，雖然有點遲疑，但興奮雀躍的情緒蓋過內心疑慮，推動他主動打招呼。詠芯的微笑，使他感受到她的友善。偉文努力展開話題，詠芯也沒有中斷談話，便估計她並不抗拒自己，於是進一步探索約會的可能性，邀她一起吃早餐，最終成功與詠芯單獨約會。

心理學家指出，人藉感官接收外界資料後，自然會生發情緒，幫助人評估外在情況、了解內心關注或需要，並因應環境及內心所需，迅速地作適當行動。在人際關係中，情緒扮演重要角色，幫助人探測關係到底是增進了還是被破壞，提醒我們要進一步深化、發展或修補關係。情緒反映我們內心對人事物的好惡或想法，使我們更認識自己，同時促進人際的互動。

情緒有好壞？

當我們對情緒有初步認識後，可以再細探憤怒。我們經常以為憤怒不是好東西，不自覺地否認憤怒的情緒，這與我們對情緒的評價有關。喜怒哀樂是人類共有的情緒，因着人的文化背景、價值取向，或天生性情，有些人較多正面情緒；有些人較多負面情緒；但總括來說，只要是人，便會有不同的情緒。

很多時我們將各種情緒簡化為正面和負面，並且給予好壞的評價；然而，正面和負面只可區分情緒，不能評定好壞。

一般來說，正面的情緒包括：快樂、興奮、被愛、自由、釋放等等。負面情緒包括憤怒、嫉妒、怨恨、憂傷、羞愧、內疚等等。其實，情緒是中性的，《情緒有益》一書將情緒區分為產生動力的情緒（energizing feelings）和消耗心力的情緒（energy-draining feelings）。前者稱為「正面」情緒，使人感到好受；後者是所謂「負面」情緒，使人難受。但不論哪一種，都會發揮情緒的功能，發出信號，推動我們回應外在處境或內心需要。

憤怒何處來？

憤怒反映我們內心的關注及對身處境況的反應。究竟憤怒何時出現？又在什麼情況被引發呢？

日常生活引發的憤怒，大多離不開下列情況：

1. **當某人以言語或行動對我們人身攻擊，貶低或踐踏我們的尊嚴……**

   「你瞎了眼嗎？看不見我正要進來嗎？幹嘛仍呆站這裏？你這個『三寸釘』，還不替我開門？」一名扛着貨物的彪形大漢站在大廈入口向管理員叫囂，還不斷踢打大閘。管理員極為憤怒，雖然他身材矮小，卻絕不容忍這些粗暴行為和無禮的話，他感到個人尊嚴受侵犯，堅拒讓對方進入。

2. 當某人或某些事情阻礙我們達成一些重要目標……

電梯裏，美兒禁不住喊出來：「還要停多少層？」她怒視負責派發文件的同事，因他幾乎要到每一樓層分發文件。平日美兒不會如此不滿，但剛巧今早上司約她做本年度工作評核，上司最討厭下屬遲到。美兒一向絕少遲到或早退，眼見時間快到，自己仍身處電梯，便焦躁如焚。原先還期望得到上司的良好評核，想不到竟遇上如此惱人的情況。

3. 當我們感到自己無法扭轉錯誤，或修正一些歪曲或不幸的情況時……

新來的傭人正打掃書房，一時不慎撞向書架，書架上的物件搖搖欲墜，文禮正想飛身上前撲救，但已來不及制止不幸的事情發生，眼巴巴看着先父的遺物、祖傳的花瓶摔在地上碎開，他氣得猛力拍打地面。

4. **當某人或某事違反我們所看重的信念、價值觀或個人原則時，例如公平公正、誠信、責任感等等……**

   2009 年，香港政府修例，只為十八歲以下智障學童提供特殊教育，超過十八歲便要離校，這規定令受影響的學童家長極度憤慨，不滿政府褫奪子女接受教育的機會。於是他們組織起來，透過各種申訴渠道表達訴求，甚至告上法庭，誓要為子女爭取公平合理的學習權利。雖然幾經波折，最終卻成就了這個看似不可能的任務！

怒火救了我

Maggie 已不是第一次被酗酒的丈夫虐待，但一向逆來順受，默然啞忍：「他不是故意虐待我的！只是喝多了，神志不清。」直至有一次丈夫又再醉酒，不單暴力虐待她，更說出極卑劣的話來羞辱她。她氣憤難當，憤然向丈夫說：「我不要再受你凌辱了，你不能再傷害我！」然後奪門而去，尋求防止家庭暴力組職的幫助，處理婚姻關係及丈夫酗酒的問題。

一個「好脾氣」的人可以善用憤怒的力量去面對不公義的事，讓關係有正面的改變。

憤怒可以推動我們維護個人或他人的安全、尊嚴、權益和價值觀。你有沒有用此角度來看待憤怒？還是你從未體驗或認識到憤怒可以是健康的？或從未經驗過憤怒所蘊藏的動力，幫助自己或他人抗衡逆境，甚或推動人在某些處境中作出道德性的回應，為社會帶來正向的改革？

怒氣能源

中國文字非常精妙，以「怒氣」形容憤怒，「氣」象徵着靈、力量和衝動。中國人認為「氣」是人類的基本能量，盛怒帶來的動力可以激發我們的決心；但「氣」亦是反復無常的，很多時人會因衝動做出不智及傷害性的行為。

憤怒，得不到適切處理，會如沼氣一般，帶來傷害，甚或摧毀人命；然而若適切地導引，它則如再生能源，成為推動人的力量，為個人及他人尋求福祉。

如果你從未認識憤怒的正面意義，體驗到它如何推動人作出建設性行為，改善不良的人際關係及修正錯誤處境，這極可能與你面對憤怒的經驗有關。如果你身邊大多數人都以不適切、具破壞性的方式表達憤怒，你對憤怒可能會產生恐懼及誤解，或許會想：「怒氣既傷心又傷身，傷害了人際關係！假如按一下鍵就可刪除怒氣，那多好！」是的，這樣或許使我們永不動怒，不過亦同時因此失去面對困難的勇氣。

憤怒發出信息，邀請我們關注並作出適切回應。因此，憤怒本身沒有問題，問題是如何表達及處理憤怒。人表達和處理怒氣的方式，可追溯到早期的學習經驗和成長歷程，讓我們在下一章詳細探討。

憤怒是一種緊急的情緒，推動我們維護個人和他人的安全、尊嚴和權益，甚至作出平日不敢作的行動。

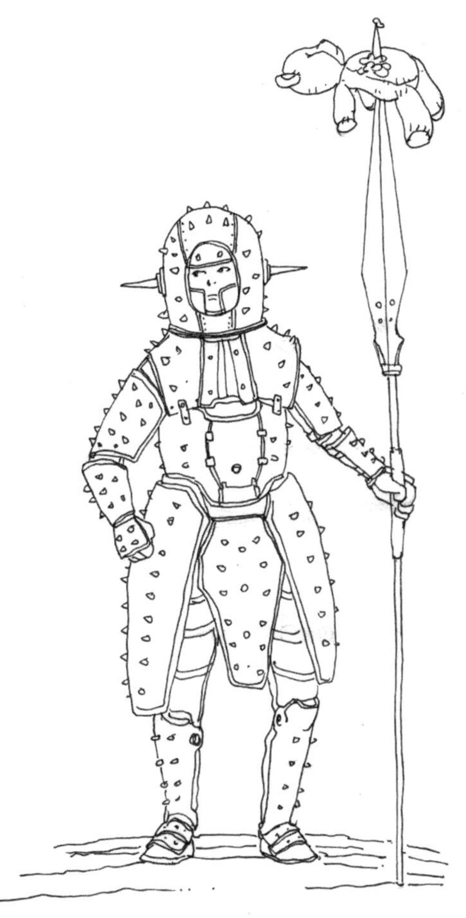

3 家中有本憤怒的經

嬌兒的家經常吵吵鬧鬧，不是父母對罵，便是姊弟們因小事互相指責。他們怒火沖天時會亂丟東西，或擊打牆壁，使鄰居飽受滋擾。雖然這憤怒家族在家中常常吵個你死我活，但對外卻連成同一陣線，每當感到家人沒有被善待，便會異口同聲譴罵他人。憤怒猶如無敵兵器，幫助他們擊退敵人。

自嬌兒懂性開始，便在不知不覺間習得一身罵戰伎倆，以聲勢懾服他人。小學時她已學到用憤怒保護自己不受他人欺負，只要她發怒便輕易取得「心頭好」。當她長大後與男朋友相處，一有不滿，便大發脾氣迫使男友屈從遷就。嬌兒在家學會以憤怒作為保護自己、威嚇和操控他人的工具。

家庭教你憤怒

家庭治療大師沙維亞（V. Satir）指出，家庭是我們第一個學習場所，人與家人互動時，有很多學習與體驗。我們在父母、親戚、朋友、老師等身上，學習如何體驗、表達及處理情緒。我們年幼時尊敬的大哥哥大姐姐，或其他成年人，成了角色模仿對象，我們學習他們一切言行，不論正面或負面。 如果你的成長環境中有以下情況，你處理憤怒的方式大抵也會受影響：

- 父母會討論令他們生氣的情境，並探究如何處理，你也大概會說出你的憤怒，並想辦法找出憤怒的源頭，解決問題。

- 你看到父母生氣時大吵大嚷，怨天怨地，甚至擊打牆壁或砸爛家具；他日你怒火沖天，也大概會以大吵大鬧的方式發泄。

- 你看到父母憤怒時互相指罵，甚至互毆，那麼你也可能這樣對待家人、同伴、朋友或戀人。

- 你小時候因做了父母不認可的事而被打罵，長大後你打小孩的機會率也大增。

- 兄弟姊妹在生氣或遇上麻煩時拿你出氣，你很可能也會把氣出在別人身上。

請回顧你的成長環境，從父母對情緒的看法、感受及表達方式，你學到的是：

父母如何彼此表達情感？有什麼說話或行動？

父母如何對你表達情感？有什麼說話或行動？

父母對情緒的想法是……（正面：正常地流露情感；負面：將表達情緒等同情緒化）

___

父母對情緒的態度是……（報喜不報憂？隱藏或壓抑不快的情緒？從不表達？喜怒形於色？）

___

父母如何表達憤怒？（用說話表達？動粗？隱藏？否認？）

___

父母對憤怒的看法/評價是正面還是負面？

___

父母如何處理引發憤怒的來源？

___

兄弟姊妹又如何？ ___

現在請你檢視一下，你曾經驗到別人如何表達憤怒？

☐ 大聲喊叫
☐ 目露凶光
☐ 擲東西或砸爛家具
☐ 擊打物件
☐ 傷害他人 / 自己
☐ 不發一言
☐ 憤然離開現場
☐ 低聲飲泣
☐ 大哭大嚷
☐ 以粗暴的言語或手勢驅趕別人
☐ 握拳或用手指指着對方的臉
☐ 其他 ____________________

當你看見別人這樣表達憤怒，內心的感受和想法是……

____

如果別人這樣對你表達憤怒，你內心的感受和想法是……

____

你有何反應 / 行動？

____

你通常在什麼情況下感到憤怒？

- ☐ 被人責罵
- ☐ 被人嘲笑
- ☐ 被人針對
- ☐ 別人不尊重你
- ☐ 權益被損害
- ☐ 別人說了不合理的話
- ☐ 別人做了不合理的事
- ☐ 自己做錯事
- ☐ 看到他人被欺負
- ☐ 其他 ____________________

你如何表達憤怒？ ______________________________

你憤怒時有什麼行動及生理反應？

- ☐ 心跳和呼吸加速
- ☐ 臉紅耳熱
- ☐ 頭部脹痛
- ☐ 背部繃緊
- ☐ 咬牙切齒
- ☐ 說話愈來愈大聲
- ☐ 擲東西
- ☐ 其他 ____________________

你如何處理怒氣？

- ☐ 大發脾氣
- ☐ 責罵對方 / 他人
- ☐ 獨個兒鬧情緒
- ☐ 不理睬別人
- ☐ 擊打物件
- ☐ 傷害別人 / 自己
- ☐ 用有效的方法使自己儘快冷靜，例如：

  ____

- ☐ 其他 ____

你對自己的憤怒有何感受和想法？

你小時候的經驗，對比現今你對自己或別人憤怒時的感受、想法和行動，有沒有察覺到成長經驗的影響？如果有，在哪方面？

完成這個檢視後，你對別人和自己憤怒時的反應有沒有進一步認識及發現？你發現自己在什麼情況下會生氣嗎？你察覺到自己表達和處理憤怒的方式，或對憤怒的想法，是從成長環境學回來的嗎？

學習得來的憤怒

我曾在兒科診所看到一張海報，説明成長經歷如何塑造孩子，節錄如下：

孩子成長的環境（Dorothy Law Noite 著）

若孩子生活在批評中，他學會譴責；
若孩子生活在敵意中，他學會對抗；
若孩子生活在讚美中，他學會欣賞；
若孩子生活在誠實、公平中，他學會真理與正義；
若孩子生活在保護中，他學會對自己和別人有信心。

我們憤怒，因感到：受傷害——被拒絕、被忽視或不被喜愛；受威嚇——安全受到威脅、受到不公平對待、公平公義的法則受虧損；受挫折——能力與自尊受損害、達不到自己或別人的要求和期望……很多時早期的學習經驗和成長經歷影響我們如何引發憤怒，更模塑我們對憤怒的想法、表達和處理方式。只有察覺過往負面的影響，才可以重新選擇和學習適切的方式來體驗、表達及處理憤怒。

男女有別？

家庭以外，社會文化，尤其是傳統文化對男女角色的定型，是另一個影響我們如何理解和表達憤怒的重要元素。

記憶中外婆總會對年幼的弟弟說：「哭什麼？你是個男孩子嘛！為這小事就哭起來？活像女兒家一般！」隔鄰的李伯，不時大聲地對兒子說：「男子漢、大丈夫！有什麼好怕！男兒流血不流淚！」我小時候確實沒有怎麼見過成年男人流淚，心中卻疑惑：男人可真是鐵石心腸，什麼也不怕嗎？世上沒什麼令他傷感嗎？

但我又發現每當小女孩哭喊時，受到的對待卻截然不同，成人多會立刻關注和呵護：「啊！幹嘛你哭得這麼厲害？是否有人欺負你？快告訴叔叔，讓我替你討回公道！」女孩子看似擁有男孩子沒有的特權——可以哭，還可得到成人的保護，男孩卻連淚也不許流！（就算可以，也只能稍哭一會。）

同樣，在表達憤怒方面，男女都會得到不同的評價。當女人在公眾場所憤怒地説話時，會被冠以不好的稱號或惹來批評，如「潑婦罵街」「河東獅吼」「一點也不像女孩子！」「女兒家！豈可如此盡失儀態！」等等；但男性在盛怒中發言，力陳他們的想法，卻被視為有膽識、不畏強權、熱切表達個人信念、盡顯男兒本色等等，可能會為他們賺取名聲。

看來女人可以哭，卻不可憤怒；男人可以憤怒，卻不能流淚——真的是這樣嗎？女人真是「水造」的？極度脆弱易哭？男兒真的只能流血不流淚？

不論男女，其人性無異，同樣有憤怒、恐懼、悲傷和快樂等情緒，至於會否容許自己流露出來或會否被認同和接納，有時卻受身處的社會文化影響。

儘管人類歷史經歷眾多演變，隨着時代進步，男女平等已成為社會上的主流價值，在社會上男和女均有發揮個人能力的機會。但社會文化對兩性角色和權力位置的看法，仍在影響我們對憤怒和悲傷的看法和表達方式。

現今社會對兩性角色仍有一些典型看法：例如認為男性應該是獨立、爭競、主動、堅強、侵略、自信、理性、合邏輯、收藏感受；而女性則是倚賴、順從、被動、溫柔、體貼、缺乏自信、感性、非邏輯思維、敏感、容易表達感受。簡單來說，社會普遍希望男性扮演強者和保護者，女性則扮演弱者和照顧別人的角色。

父母強化孩子的性別定型

社會對男女角色有特定期望，潛移默化之下，亦影響父母對子女的教導，且看以下的話：

- 「朗朗，你是男孩子，要保護女孩子呀！」媽媽溫柔地鼓勵正與女孩子玩耍的兒子。

- 「志恆，要堅強、要爭取第一！這樣，才有男子氣慨！」父親陪着兒子在田徑跑道上練跑時説。

- 「日昇，你是個男子漢，講話不可這麼陰柔，免人家笑你娘娘腔！」祖母教訓着感到害怕的孫兒。

- 「小美，你是女兒家，説話要溫柔一點，不要像男孩一般大聲！」當女兒正與其他小孩商談如何訂立遊戲規則時，母親這樣説。

以上的鼓勵或指責，滲透着傳統文化對男女角色的看法及期望，這樣會強化孩子的男女角色定型，並窒礙了兩性對憤怒和悲傷的正常表達及發展。

男孩不應脆弱

「男兒流血不流淚」—— 第一章曾提及小明和姊姊美儀，在車子緊急剎停的一刻，大家都怕得要命，原來小明嚇得褲子也弄濕了！無論任何人面對突發意外，威脅到生命安危時，感到恐懼是正常的。何況小明只是個少年人，因受驚嚇以致失禁，是可以理解的；但為什麼小明會這樣憤怒？

小明一直由思想傳統的祖母照顧，自小就被教導男孩子要堅強，每次他表達害怕或悲傷時，便會被成人加以制止或否定，因此他未能正確地理解和體驗情緒，尤其是負面情緒。男性的角色定型，已在他心裏內化。不能示弱的心態，阻礙小明未能正常表達內心的恐懼。

女孩不應憤怒

「我很嬲弟弟！我不要弟弟！」小惠因媽媽經常

照顧初生的幼弟，沒有像以前一般愛護自己，憤怒地說出這些話。媽媽聽到後，不滿地說：「你不應該發怒！身為姊姊要愛顧弟弟，學習悉心照顧他，如媽媽一般，才是個好女孩！從今以後，不准再說惱怒弟弟這些不該說的話！否則，媽就不愛你這壞孩子啦！」

往後，小惠不敢再說這些話，免得媽媽不愛自己。她努力扮演媽媽期望的照顧者角色，例如外出時替媽媽拿東西，讓媽媽照顧弟弟；在家裏充當「小助手」替弟弟準備尿片，方便媽媽幫弟弟清潔。然而她身體開始出現眾多小毛病，在學校經常感到不適，要勞煩老師召母親來接她去看醫生，可是醫生卻找不到病因。但當小惠感到不舒服，向媽媽哭訴身體不適，媽媽便會關注她，將她抱在懷中安慰，然後小惠身體的不適自會減退。

小惠媽媽未能了解女兒的感受和內心的關注，作出適切的安慰和關懷，反而指責及禁止她表達不快的情緒。小惠因怕失去在媽媽心中的地位，便用討好的行為來獲取媽媽的關愛，更甚是將壓抑的情緒轉化為身體不適。

如果得到父母的明白、認同和接納，我們便能如實流露感受。當父母給予足夠的關愛，我們便會感到安全，這份安全感有助我們建立健康的自我形象，勇於探索外面世界，也能培養適切的對應能力。

男人的憤怒、女人的悲傷

社會文化及家庭教育衍生出對男女角色成文或不成文的規範，影響男女如何理解及表達負面情緒，因而選取較被社會或他人接納、認同的情緒來隱藏內心感受。男人作為強者 / 保護者，「不應」表現軟弱，流露驚恐、悲傷和羞愧等情緒，於是傾向壓抑或否認脆弱的情感。同樣，女性憤怒不符合社會對「好女人」要溫柔體貼的要求，所以女性傾向抑壓憤怒，不敢生氣。久而久之，他們對內心真實的感受混淆不清，不只瞞過他人，也瞞過自己。沒法正常表達感受，使人身心扭曲，阻礙人際關係健康發展。

表象情緒： 憤怒 悲傷 / 恐懼 / 內疚

男性 女性

這不是說所有男性的憤怒背後也隱藏着悲傷或恐懼，或所有女性的悲傷或恐懼背後必定是憤怒；只是當我們沒有察覺和重新檢視社會文化對男女角色的定型時，就容易「照單全收」，像青蛙在溫水裏漸漸被燙熟也懵然不知。

小測試

你對男女角色有特定的看法和期望嗎？

你對自己作為男性 / 女性及異性有何看法？有何期望或要求？

當你看到男性/女性表達憤怒時，你即時的反應是……

當你看到男性/女性流露脆弱的感受（如恐懼或悲傷）時，你即時的反應是……

完成測試後，你對自己有什麼新發現？與你一直對兩性的看法，可有不同？如果有，是什麼？

男女角色定型影響人對憤怒或悲傷的看法及表達，令人不期然選取較被接納的情緒來隱藏真實感受。

5 包不住的火

「憤怒！我沒有！我沒有生氣！」偉賢青筋盡現，扯高嗓門說話！

不知你在生活中有沒有遇到這些自稱「沒有生氣」的人？你可能會心微笑。確實，這些情況不時出現，很少人會直接說出內心的憤怒：「我感到憤怒，因為你剛才所作的！」大多數人會把要說的話自動「降溫」——「我不太開心！」「我有點納悶！」「我不太舒服！」

上文提過，人傾向以好壞來評價情緒，而社會文化及成長經驗都會影響我們對憤怒的表達。加上憤怒本身是一種消耗心力的負面情緒，使人不暢快不舒適，難受痛苦。人類天生逃避痛苦的傾向，會使人壓抑或否認憤怒等傷痛的情緒。

每當人們認為自己的怒火將會一發不可收拾時，便不自覺以另一種情緒或形式遮掩，為憤怒戴上不同的面具，使人認不出它的原貌，甚至察覺不到內心的憤怒。

憤怒化身

你經常感到：討厭、失望、灰心、冷漠、沮喪、厭煩、沉悶、驚慌、疏離、困惑、懷疑、心亂、不快、煩躁、泄氣、淒涼……

可有想過這些情緒背後，可能都是憤怒呢？

怒火自焚

當我們壓抑或否認內心的憤怒，情緒便會累積起來，損害身心，例如它可能會化身為抑鬱（depression: anger turned inward），人們下意識認為悲傷比憤怒較易被接納，所以通常沒有意識到自己將憤怒內藏，即把對他人的憤怒轉向自己，藏於心中。

抑鬱症是常見的情緒病，主要源於遺傳因素、生理因素和環境因素的互動。不過原來部分抑鬱症是因人長時間壓抑和積存憤怒造成的。人如果長期壓抑、忽視或拒絕處理內心的憤怒，除了造成抑鬱，還可能會惡化及演變成長期的心理狀態——慢性憤怒（chronic anger）。人很多時將憤怒收藏於心，免得他人感受到自己的怒氣，至少不會在最初時感覺到。他們傾向沉默退縮，使自己與他人沒有機會進一步了解或澄清，容易在心中形成「受害者」心態，認為別人是故意傷害自己，因而引發更多負面情緒。這樣人會時刻感受到自己的憤怒，憤怒更會逐漸變質為怨恨、苦毒，甚至仇恨，障礙人際溝通，影響關係發展。

志軒經常被老師稱讚是品學兼優的好學生，還不時被同學推崇與讚賞，更獲推舉為學生會會長，志軒心中十分歡喜。但自從上學期未能續任學生會會長一職後，志軒不時暗自生氣，惱怒同學沒有肯定或嘉許自己，忘記他多年來為學生會付出的努力。每當同學與他意見不同時，便認為對方故意與自己作對，並且在言行上攻擊他。他不時在內心的私人影院，想像怎樣侮辱那些得罪自己的人，以尖酸的言詞嘲弄不再支持自己的人。他沉浸在對人的責備和怨恨中，表面上仍勉強自己保持笑容，更加倍以禮待人，旁人毫不察覺他心裏的怒火。直至有一天，他燒毀了整個學生會會議室……

港人消極面對憤怒

嶺南大學與香港大學曾進行一項有關香港人面對憤怒、報復認知、攻擊行為的心理狀態及應對策略的研究，報告於 2007 年底公布。研究發現，當面對威脅或挑釁而感到憤怒時，香港人經常消極應對，或以運動 / 體力活動發泄情緒，當中以男性為甚，不過問題仍然未能徹底解決。當未能適當處理憤怒，很多人會感到焦慮，甚至導致抑鬱及絕望。

研究顯示，一般人認為中國文化不鼓勵人採用極端的方式泄憤，因攻擊性的行為被視為會擾亂身體的和諧並引發疾病。香港人雖不表達極端的憤怒情緒，但會沉溺於負面的憤怒情緒裏（anger rumination）。在有關憤怒沉思（即事後反復思考憤怒原因並記在心中）的四項測量中（憤怒記憶、報復思想、事後憤怒及思考憤怒原因），香港人均比英國人高，證明香港人雖然不會以極端方式表達憤怒，但卻因抑壓而導致憤怒沉思，帶來負面的記憶和情緒。

此外，以消極方法或投入嗜好來分散注意力，應付憤怒，並不能紓緩情緒、憤怒沉思及攻擊行為。事實上，以體力發泄的人反而有較多報復思想和人身攻擊行為。

這個研究報告猶如警鐘一般，警告我們不能長期採用消極方法應付憤怒，我們不但要注意如何表達和處理憤怒，更要積極應對，才能在高壓的社會中健康生活。

其實，憤怒原先是「緊急」的情緒（emergency emotion），由突然的威嚇引發，「急召」（urgent call）我們儘快採取自我防衛措施。險境過去，我們自會平復下來，感到釋然，甚至有更新的感覺。但若我們壓抑或否認內心的憤怒，它會「長駐」心裏，甚至化身成不同的面貌，使自己及和別人也難以辨清，障礙我們與己與人的連繫。

6 活火山與睡火山

2010 年農曆年間，一對夫婦與女兒在商場內的酒樓飲茶，原本一家人享受家庭之樂，期間夫婦因女兒的升學安排爭執，當他們步離酒樓時，竟因一句氣言，婦人突然抱着女兒從商場高處跳下，女兒幸保性命，但婦人卻不幸身亡，釀成家庭悲劇！憤怒瞬間摧毀一個完整家庭，母親死了，只餘下兩父女，還有漫長和有待醫治的傷痛。你看到這則新聞時，可曾想到憤怒的爆炸性及破壞性這麼驚人？

憤怒可以糾正錯誤，也會帶來破壞及傷害，全在乎我們如何回應，你究竟以建設性抑或破壞性的方式去表達？你會選擇哪個方向？

此路不通！何解？

在成長經驗中，如果情緒經常被別人否定或禁制，我們會不期然壓抑情緒，或衍生出另一種情緒，於是我們會困囿於一大堆錯綜複雜的情緒及各種對情緒的看法或評價中，含混不清，眾多情緒在內心攪動，「被情所困」。壓抑情緒容易導致鐘擺效應，情緒如鐘擺般盪至兩個極端，一時過分壓抑，一時不能自控大發雷霆，或做出驚人的毀滅性行為。

你是哪一型？

為何我們未能發揮憤怒的建設性，善用憤怒的動力？或許在成長歷程中，我們習慣動輒發怒，不加控制，隨意以言語或行為攻擊他人。

加上成長中未疏解的傷痛經驗，也會影響我們處理憤怒的能力，以致未能合宜表達憤怒。讓我們先停下來，看看自己慣性採用什麼模式表達及處理憤怒？你可有以下特性？

外爆型憤怒行為

暴躁易怒，慣性以憤怒作反應的人，多數以攻擊性的言語和行為來表達憤怒，他們的行為稱為外爆型。

嘉麗常常尖聲謾罵，只要有人惹惱她，不論是男朋友、友人或上司，對方的耳朵也不會好受！她還自辯為有話直説，坦白和有膽識：「至少讓人知道到底發生了什麼事。」事實上，嘉麗缺乏自我控制的能力，自小便動輒發怒，慣性以憤怒作反應；從青少年時期開始，她便發展出一套言語暴力的模式，慣性以此宣泄憤怒。

志威已不是第一次在公路上被警察追捕。每當有人觸怒他，他便以行動反映怒火，多次超速駕駛。他不僅用啤酒罐或遙控器擲向家人，經常使勁地關門，更以暴力發泄怒氣，這令他惹上不少麻煩。這次他因惱怒另一輛車的司機駕駛緩慢，阻礙他前進，就猛力按喇叭，還向對方作出不堪入目的手勢，甚至下車踢打對方車門，之後驅車而去，最終他被警方扣留，聽候法庭審訊。

外爆型憤怒行為絕對不帶建設性。試想想，一個人如果經常向別人「動口動手」，隨意尖叫、咒罵、批評、怒吼，或作出暴力行為，不單傷害當事人，也破壞個人自尊——當他們細心思索所做的，便會發現沒有人會對自己有好感，更會失去別人的尊重。他們在盛怒中的所言所行，往往令自己事後感到後悔。未經約束的憤怒，通過爆發性言語和攻擊性行為表達，最終人際關係必受破壞，甚至摧毀個人前程，付上沉重代價。

內爆型憤怒行為

內爆型的怒氣是別人察覺不到的，當事人把憤怒藏在心底，壓抑得無影無蹤。還記得第 5 章提及長期壓抑憤怒會轉化成慢性憤怒嗎？內爆型憤怒有四種典型特徵：否認、沉默、遷怒他人及沉湎舊恨。

1. **否認、退縮**：以內爆方式回應憤怒的人，通常一開始就完全否認自己生氣。其實，他們的內心常被壓抑和積存的憤怒盤踞。這種否認的反應，常在基督徒身上出現，因他們以為「生氣是罪」。我們常會聽到這樣的說法：

   「我不生氣，因為基督徒不該生氣！」
   「我不生氣，只是感到失望和難過吧！」
   「我不生氣，但感到非常挫敗！」
   「我不生氣，只是不喜歡他這樣對待我！」

   他們否認憤怒，採用「難過」或「不快」等字眼，但這不能消除憤怒的破壞力，怒火仍在他們心中燃燒，破壞他們的身心靈。否認和壓抑使怒氣不斷擴大，直至他們不能再否認。

   有些人採用退縮的策略來逃避憤怒：「只要我

遠離那個惹怒我的人，或不與他說話，或許我的怒氣會逐漸消失！」

Angie 狼狽地拿着一大堆器材前往工作場地，原先她可以使用特別通道更快捷運送物資，但自從上次開會時，她與管理通道的人對某些工作安排出現意見分歧，自始她每逢運送物資便繞道而行。正當 Angie 將到達場地時，竟在路口遇見那人，她本想轉身避開，對方卻上前與她打招呼並協助她拿東西，還問她為何很久沒有使用特別通道，她支吾以對：「政府不是鼓勵我們多步行鍛練身體嗎？」Angie 心想：「縱然這個多月沒有用捷徑運送物資，令自己十分勞累，但遠比遇見這人來得輕鬆吧！幹嗎這次又遇見他？」此刻，她心中的怒氣再次上升。

2. **沉默**：內爆型的人採用這方式愈久，內心的憤怒轉化成苦毒、怨恨的機會就愈大。心理學家指內爆型憤怒的人可能以消極攻擊行為（passive-aggressive）表達憤怒。他們表面依從，但卻沮喪地反抗，還有不少挖苦和嘲諷的話。

國謙初來公司時，同事們均感到他非常友善，對同事的求助，他樂意幫忙，贏得「好好先生」的美譽。但隨着日子過去，他開始覺得同事常常討自己便宜，事事找他幫忙，他自己的工作卻無暇顧及，但他不敢婉拒或表達任何不滿。近日在會議中，國謙表面上仍與同事合作，但同事漸發現國謙的話中含有強烈的嘲諷及針對意味，令人感到十分不快及費力，不明白究竟彼此在交往中發生什麼事。國謙從來沒有與他人直接和坦誠地溝通，長期壓抑憤怒令他內心經常感到不快樂，衍生出消極攻擊行為，為他的人際關係帶來張力。

3. **遷怒他人（Displacement）**：你有見過以下情況嗎？爸爸在公司被上司大罵他工作不力，他不敢與上司理論；返家因小事大罵媽媽一頓，媽媽氣憤卻不敢作聲；她往廚房時看到兒子，便無故責罵他；兒子無故被罵，氣得返回房間憤然用力踢向貓兒。這種錯置的怒氣未能解決引發憤怒的源頭，只會傷及無辜，破壞其他關係。

4. **沉湎舊恨**：內爆型的人傾向將別人的惡行如錄影帶一般在心中不時反復播放：彷彿看到對方的表情、聽到對方的措辭、感受到當時的氣氛。當事人再度經歷引發憤怒的情境，不斷強化負面記憶，增添負面情緒。如果情況持續，憤怒會「向內爆炸」，導致他們陷於抑鬱或情緒崩潰的狀態，甚至出現自毀行為。長期壓抑的憤怒亦可能擺動至另一極端「向外爆發」，憤怒如魅影般不時浮現心頭，苦毒、怨恨及敵意由此而生，以致產生強烈的報復慾望，控制當事人的情緒及行為，促使他們以暴力「復仇」，釀成悲劇。

不可含怒到日落

其實，《聖經》亦教導我們要正視自己的怒氣，學習如何妥善表達及處理憤怒。「生氣卻不要犯罪，不可含怒到日落」（〈以弗所書〉4：26）這教導表面上看似指人不應生氣，常被人簡化及誤解為「生氣是罪」；其實，它的意思是：「倘若你生氣，別讓怒氣導致你犯罪，不要讓落日發現你懷怒……」《聖經》沒有否定或禁止人有憤怒的情緒，反而提醒人不要積存怒氣，免得導致錯誤的行為。可見，憤怒本身不是罪，但若憤怒得不到適切的表達及處理，便有可能演變成敵意和攻擊性行為，引致人犯罪。

情緒本身沒有對錯，但情緒的表達及處理卻有好壞。憤怒本是警號，顯示某種侵犯行為出現了，只要我們意識到內心的怒氣，避免傷害令自己生氣的人，這樣便能把憤怒保持為一種感受。感受怒氣、在適當的情況下告訴別人，談論自己的憤怒，都是健康的處理方式。

憤怒傷身

不論壓抑或爆發，都是「壞的憤怒」，不單大大損害個人健康，也會傷害個人的身心及人際關係。研究顯示，壓抑憤怒容易使身心受壓，對心理和情緒都帶來衝擊。而爆發憤怒和壓抑憤怒都可能導致高血壓、胃潰瘍、結腸炎、偏頭痛和心臟病等病症。「壞的憤怒」確是害己害人！要避免這惡果，我們應如何表達及處理憤怒？

壓抑情緒容易導致鐘擺效應，情緒如鐘擺般盪至兩個極端，一時過分壓抑，一時不能自控地大發雷霆。

一切由察覺開始

要使憤怒不傷人害己及富有建設性，首先我們要察覺到自己在生氣，這樣才能在怒火未升級之前作出下一步行動，選取適切的方式表達和處理怒氣。你「知道」自己真正的感覺嗎？

你聽過以下對話嗎：

「你今天心情怎樣？」同事問。

「心情不錯。」他答。
「什麼使你心情不錯？」同事好奇地問
「不錯便是不錯啦！」他晦氣地回答。

其實在同事追問時，他已生氣而不自知。

你知道自己在生氣嗎？

當我們生氣，尚未搞清自己的心理狀態，突如其來的憤怒可能已驅使人發出破壞性的言語或反應。如果我們先意識自己的怒氣，就較能對憤怒作正面回應。

事實上，很多人對自己的感覺都不太清楚，只會用「開心」、「不開心」或「心煩」等簡單的形容詞形容感受，說不出自己的情緒有多強烈，甚至不能從「稍微」、「中度」、「強」和「極強」中選取。至於為何會「開心」、「不開心」，就更搞不清了。結果又怎能了解這些感覺對自己或他人造成多大影響，更遑論表達及處理了。

人在成長經歷或社教化過程中，未學會如實感受自己的感覺。事實上，大多數人在管理情緒方面，也「學得不大好」，但這不代表不能學曉，我們仍可以在這方面有更多學習和成長，讓我們先來學習「知道」自己的感覺。

嘗試問自己以下問題，特別在你早上醒來和晚上睡前：

- 這刻，我的感覺怎樣？你可以從「喜、怒、哀、驚」四大類情緒入手，另可從附錄 1 尋找能形容感受的詞語。

- 如果用 1-10 度形容，這刻感覺的強烈度是？

十分輕微　　　　　　　　　極度強烈

- 這感覺告訴我什麼信息呢？

我們多練習，便會逐漸覺察自己的感受，正如體育運動一般，熟能生巧，經過時日鍛煉，表現會隨之而進步。另外，如果將感受寫出來，更能夠幫助我們整理內心的思緒。當我們的察覺力愈來愈強，就可以更明白和認識自己。

記錄憤怒經驗

哈佛大學教授，專研行為與頭腦科學的 Daniel Goleman（1996）在《EQ》一書中把情緒定義為「感覺及其特有的思想、生理與心理的狀態及相關的行為傾向。」所以，當我們記錄自己的憤怒經驗，可以從中觀察自己的生理、心理、思想和行為四方面的反應，了解它們所產生的交互作用。

當你生氣時——

引發事件：當時發生什麼事？發生於何時何地？與何人有關？

生理方面：你體驗到什麼身體感覺或生理反應？（例如：心跳加快、呼吸急速、臉紅耳赤、頭部脹痛、背部繃緊、頸項僵硬、發抖或胃部抽搐等）

思想方面：你心中有什麼想法呢？（「她看不起我！」「他故意針對我！」「她總是破壞我的好事！」或「他這樣做不公平！」）

行為方面：你有什麼言語和行為反應？你採取什麼行動？（例如：大罵對方、大發脾氣、沉默不語、步離現場、大哭大叫、擊打物件、傷害自己或他人）

當你細察自己的憤怒經驗時，有什麼發現和反省？

處理憤怒的最好時機是感覺到它出現時——

「知道」自己在生氣。內爆型的人傾向「死忍」，長期壓抑怒氣最終導致失控，或一時衝動，爆發出攻擊性言行。所以記錄過往的憤怒經驗，能幫助我們更多認識及察覺自己的憤怒模式，促使我們承認內心真實感受、思想、行為模式，及三者的互動，這樣可使人更有效處理憤怒。

如果你是外爆型，怒火隨時如火山一般爆發，你可藉記錄自己的憤怒經驗，提升對身體的感覺和思想反應的察覺力，幫助自己「知道」正生氣，有助即時控制怒火，在它未演變為暴力言語或行為之前，加以處理。

控制怒火四部曲

1. 冷靜

無論你是外爆型或內爆型，一旦開始感到煩躁，便要作出行動來避免自己怒火中燒。你可以在**心裏緩慢地數一至十，深呼吸或喝些冷水**。如果這些方法未能助你冷靜下來，或者對方仍不停挑釁自己，以致你無法冷靜，最好**暫時離開現場**，以防怒火升溫。(要在情緒激動時用深呼吸鬆弛神經，必須練習到十分純熟。不妨在情緒平靜時多加練習，既能做得熟練，又能享受放鬆的感覺。)

這些「暫時措施」能幫助你紓緩憤怒引起的生理反應，使你逐漸冷靜下來。順帶一提，憤怒會引發心跳和呼吸加速、腎上腺素上升，這本來是準備你進入作戰或逃跑的狀態，不過恐懼同樣會引發相近的生理反應，所以要辨清自己的真實感受。

有些人喜歡藉運動或嗜好分散注意力，幫助自己紓緩憤怒，或提升正面情緒。運動能促進大腦分泌「安多芬」(endorphin)，令人感覺暢快，這看來是一個處理不快情緒的方法，也是處理憤怒的起步。但如果只停留在這個階段，爆發怒氣的危機仍會像計時炸彈般潛伏在你身上。這些活動只能紓緩憤怒的生理反應，不能真正消除怒氣，因為你還未正視和處理憤怒的源頭。

2. 明白憤怒背後的成因和意義

當你採用了「暫時措施」平息怒火，就可以較**冷靜及客觀地了解憤怒背後的成因和意義**。你可以問自己：

我為什麼如此生氣？

我生誰的氣？

我因何事生氣？是因某人說或做了什麼嗎？是因某人的說話方式嗎？

某人的行為是否令我想到我的父親 / 母親，或生命中的重要人物？

我對某人的怒氣是否受我工作或童年的經驗影響？

你有否發現……

某些特定的人或事很容易觸發你的怒氣？

進一步檢視這些人或事，這反映你須要知道及正視什麼？

是否過往曾受傷害，引致你對類似情境「反應過敏」？

每當你憤怒，是否都有類似想法出現？如「他又要批評我了！」

你察覺到憤怒時你會採取向內（傷害自己）抑或向外（傷害他人）的行動？（請將個人的憤怒經驗記錄在附錄 2 的表格上）

了解憤怒背後的成因，弄清使你生氣的人究竟犯了什麼錯，然後看清楚這事有多嚴重。使人生氣的事有大有小，明白其程度的輕重會影響你的應對。**你可以用「1」到「10」來標示事件的嚴重性，並用來形容憤怒感覺的強烈度**。如果事情的嚴重度是「2」，而你的憤怒強烈度是「8」，這提醒你要檢視為何憤怒這樣強烈？什麼原因引致過度憤怒（過敏反應）？憤怒的情況熟悉嗎？是否與你過往的負面經驗有關？

當你檢視過往的經驗，可能會發現 8 度中，有 2 度源於某人對自己不禮貌，有 2 度是因上司評價你近期工作能力不佳，最後 4 度與小學時曾被老師在全班同學面前批評字體不整，弱小心靈受到傷害。

3. 分析自己的選擇

當你弄清憤怒的成因後，可以問自己：**我可以採取什麼行動回應？**

你的選擇很多：

- 指責對方不是、損害你利益和感受。
- 把過往眾多不滿，攤出來與對方算帳。
- 以惡報惡，大罵對方一頓，甚至用武力發泄，讓對方嚐嚐那難受的滋味，知道你生氣，不好惹。
- 對自己說：「算了！」但仍心中咒罵對方，策劃各式各樣的報復方法，例如在人前數落他！

你到底想如何？要採取什麼行動？你想帶來什麼後果？

4. 弄清自己的目的

我們要**弄清內心的目的或背後期望才選擇採取什麼行動**，來達致期望的後果。免得我們盲目行動，或採取與內心期望不符的行動。如果我們內心渴望與對方和好，卻出言指責或逃避，這就與我們的期望相違了。

你可能有數個目的 / 想望：有時是想溝通，特別是與自己有緊密接觸或親密關係的人，讓他們知道自己的感受；有時是想改變，補救惡劣的狀況；有時是想發泄怒氣或教訓對方一頓，甚至想報復。

你可以細問自己，然後誠實回答：

我想如何回應我的憤怒？

哪一種選擇是明智之舉？哪一種選擇會帶來負責任及建設性的後果？

我的選擇會帶來真正的改變並促進關係嗎？

我的選擇能夠表達我的感受、想法或信念嗎？

我的選擇能保護個人或公眾的權益，指出不當的行為，帶來糾正錯誤的機會嗎？

沒有人可代替你回答或決定，這是你的選擇，你也要承擔選擇的後果。你選擇正視自己的憤怒，並使它富建設性嗎？

5. 採取建設性的行動——坦誠溝通

了解自己的目的及選擇後，就要**採取建設性行動**，例如找機會與觸怒自己的人坦誠傾談，陳述自己的感受、想法，及對事件的立場，並聆聽對方解釋，了解他的感受、行為和意圖，評估自己對事件的理解是否正確。藉着坦誠溝通，或許對方會承認言行失當並道歉；或許雙方能釐清問題，共同尋求解決方法，讓關係有成長的機會；或許對方拒絕溝通，但至少我們願意用負責任的態度面對，就已問心無愧了。

溝通五點

坦誠溝通和處理衝突，在親密關係上尤其必須。雙方須以誠意積極處理問題，藉坦誠傾談增進彼此了解、澄清誤解及重建關係。以下是過程中要留意的地方：

1. 不是挑剔對方的錯處，而是**合力將關係中的「刺」拔出來**，一同正視及處理關係中的問題。

2. **留意自己或對方的「氣言」，切勿火上加油**。例如，當對方說：「豈有此理！」或「你真野蠻！」等憤怒話時（可藉記錄憤怒經驗了解自己憤怒時的慣性言行及反應），勿再以負面的話回應，以免激發雙方的怒火。

3. 時刻留意自己的怒火，**在未失控前要採用「暫時措施」平復心情**，如深呼吸或暫停說話，如有需要，暫離現場。離開前，要通知對方你當下的情況，例如：「我這刻很嬲，要冷靜一下。」或當你氣得不能說話時，可用雙方事先協定的「暫停」手勢示意（如運動競賽中常用的「T」字手勢），讓自己有空間和時間紓緩憤怒引發的生理反應。冷靜下來後，再與對方傾談剛才到底發生了什麼事。表示要「暫停」的一方，有責任主動邀請對方再次傾談，以免暫停變成了逃避衝突或操控關係的藉口。

4. 如果一方想溝通，另一方未作好準備，**想談的一方可先作出邀請**：「當你用那眼神看我時，我感到很憤怒，不知有否誤解你的意思。我們可否談談？」或「有件事令我困擾，想聽聽你的意見，可以嗎？」這樣既表示你的誠意，又容許對方選擇合適的傾談時間。

5. 如果對方願意傾談，傾談時，你可**運用「我」的句子（I – Message）**，如：

   當你無故拂袖而去（具體的行為），我感到憤怒（具體的感受），我想知道到底發生什麼（具體的目的）事，我們可以一同處理。

人際關係中運用「我」的句子，能有效表達個人的情緒和對關係的期望，因你不是要指責對方，也能避免引起對方的防衛反應，打開溝通之門。

當然，我們不需在任何情況下，都向他人表達憤怒，或能與惹惱自己的人坦誠溝通。我們要知道何時該表露憤怒情緒，何時該控制它，表達或不表達的時間及方式均會影響他人，所以作出反應前必須考慮環境和後果。

如果不能透過溝通解決……

在工作場所，不是每一段關係都能坦誠溝通，例如上司與下屬。假如你的上司時常針對你，就算你感到憤怒，但卻不適宜在上司面前表達不滿，你只能選擇事後找朋友傾訴內心悶氣，或自我反省引發憤怒的成因及檢視須要改善的地方，嘗試努力與上司溝通，期望將工作辦妥。如果他仍不時無理指責你，令你非常惱怒，你可選擇「另謀高就」；若礙於經濟因素，未能立時辭職，也可進修提升個人知識和工作能力。這些行動雖未能改善你與上司的關係，但至少給你自由，讓你把情緒和體力投資在更有創造力的活動上。

至於公眾場所中的憤怒，有時未必與人有直接的關係。例如當你趕上班又遇上交通擠塞、人多車多；或你正努力撰寫論文，電腦無故關機；又或鄰居夜深吵架，諸如此類的不便情況，如果我們將這些無可避免的瑣事視為他人的蓄意挑釁，認為「他們故意來招惹我！」那麼憤怒必定到訪！面對繁忙的都市生活，我們只能採取適切的行動，如調慢步伐和學習說「不」，減輕所受的衝擊、騷擾及緊張，有助減低生活壓力。

8 拆解糾結的憤怒

我經常在輔導室聽到一些人談及感受時說：「不開心！」或「有點煩悶吧！」他們找不到其他詞彙形容自己的感受。其實「不開心」或「煩悶」往往包含眾多感受在其中。當我與他們回顧過往的經歷，通常會發現當他們表達情緒，特別是負面情緒如憤怒或悲傷時，很多時也得不到他人認同；有時為了應付當下處境，他們要壓抑、扭曲或否認感受，以致千絲萬縷的情緒困在心頭，猶如一團凌亂的毛線，這些「一團團」的情緒不時如蟲子般在心中蠕動，令他們甚為困擾。

為情緒命名

美琪半年前獲上司提拔為外務經理，自此她要經常出外公幹，她很快便發覺某種情緒經常在行程中困擾她。當踏進接駁機場的運輸車時，周遭的嘈雜聲音已使她煩躁、厭惡。上機後，其他人的行李碰撞又使她感到憤怒。在座位安頓後，她又厭煩他人的談話，更憎惡進出通道打擾她休息的人。她不時在心中說着責備的話，想他人安靜坐在座位，然而這些「內心談話」只增添她的怒氣。她一直以為這種激動的情緒叫憤怒。

直至某次與上司閒談，上司分享過往出差的經驗和如何適應眾多新環境，她才恍然大悟，醒覺自己其實不是憤怒，而是緊張。突然她煩躁的情緒變得容易明白，原來因近期工作上的改變，她要離開熟悉和安全的環境，長時間困在密封的機倉內，然後又要到陌生的地方，向一羣高級行政人員匯報，她的不安和壓力，其實來自恐懼！

當美琪**為自己的情緒尋找到正確的名字時**，乘飛機的經驗便有重大改變。她知道遇上的旅客不再是需要管束或責備的壞孩子，她懂得作更適切的回應。現今當她出差前，對於匯報內容，她會預先作出充裕的準備。登機後，她不再用嚴厲的話來指責其他乘客。取而代之，她開始做深呼吸練習，幫助心神平靜，並減輕緊張。現在，出差對美琪來説已輕省多了。

我們能夠形容自己的感受，正確為情緒命名，才能明白和體會這些情緒，聆聽它傳遞的信息、背後的需要或關注，這樣有助我們從內心的幽谷走出來，然後善用情緒帶來的禮物——改變的力量，選擇適切的行動來回應當下的需要和處境。

辨清原本的情緒

當我們感到憤怒時，很多時夾雜着眾多感受：挫敗感、被否定、被貶低、被威脅、恐懼、焦慮、不安、被攻擊、失望、自卑、不公平、不滿、煩躁、被羞辱、羞恥、愧疚、不快、無能感、憎恨、怨憤、敵意等等，這現象是正常的。縱然你已嘗試處理，但仍發現憤怒的情緒久久未能消散，這顯示憤怒可能不是你原本的情緒（primary emotion）。

原本情緒是人面對一些情況的基本反應，例如，你被他人無理對待感到憤怒，但當弄清事情只是一場誤會，又或糾正了不公平的情況後，你的憤怒便會「功成身退」。

如果憤怒仍然困擾你，可能因為你的怒氣積存已久；或是憤怒不過是你的表象情緒（secondary emotion），是你下意識用來掩飾、隱藏原本的情緒。例如你以憤怒來遮掩內疚或羞恥感，或以憤怒來逃避接觸內心深處的傷痛。憤怒亦可以是你企圖操控他人、或達到個人目的的工具性情緒（instrumental emotion），例如你害怕在親密關係中面對自己的錯失，你就「惡人先告狀」；又或你害怕在工作關係上遭人欺負，就不時大聲夾惡，令人不敢招惹你或討你便宜。

表象情緒或工具性情緒比原本的情緒帶來更大困擾，因為兩者都會障礙你體驗原本的情緒，令你未能明白內心真實的感受。這兩類情緒不單未能發揮情緒應有的作用，幫助你對外在世界作出適切的回應，反而會阻礙你認識自己，搞不清自己有何需要或渴望，又或以虛假的自我示人。

所以，你要如實體會個人感受，不要以情緒作為操控他人或企圖達到目的的工具，對自己作出真誠和負責任的選擇。另外，你要學習從眾多的感受中辨清自己原本的情緒，以免「誤中副車」，反被情緒困擾。承認和接納自己的感受，才是情緒困擾的出路。

阿珊的憤怒

「憎死你！憎死你！憎死你！憎死你——又發脾氣！」阿珊在日記上寫上一連串怨恨自己的話。

阿珊原是個溫文、循規蹈矩的學生，自父母離異後，便開始不時大發脾氣，在學校裏也不能自控。其實，她討厭自己，但又不能控制怒氣，生氣之後卻會後悔。班主任李老師留意到她近日的情緒困擾，邀請她參加一個自我認識的成長小組。原先阿珊擔心不知在小組會做什麼？自己會否失控亂發脾氣？其他人如何看自己？但在老師的鼓勵及多次邀請下，她答應了。

起初踏進小組房間，阿珊感到緊張，但小組導師親切的態度，減輕了她的緊張。小組導師邀請組員用不同顏色筆在畫紙上隨意繪畫，內容沒有規限，按個人意願及開放程度自由分享。阿珊心想：「我不作聲，看看情況如何？」她在第一次小組中只說了自己的名字，及隨意在紙上胡亂畫數筆。導師沒有任何批評或指責，表示歡迎她繼續參與。

在往後的小組，阿珊開始選取一些吸引自己，能代表她心情的顏色在紙上塗鴉，起初她畫的線條幼細，力度很輕。分享時，她沒有説出自己具體的感受，只表示煩悶，或交代自己畫了什麼。導師仍然表示欣賞她的參與及聆聽，鼓勵她繼續嘗試開放自己。隨着時日過去，阿珊在小組中看到、聽到其他組員的情緒分享，也逐漸學習感受個人的情緒，嘗試表達自己的心情。

在某次小組，阿珊選了一些灰暗和深沉的顏色，在紙上使勁地塗，連顏色筆也弄斷了，她驚訝又顧慮自己可會受到指責？導師卻如常鼓勵她繼續體會內心的感受，並引導她慢慢將內心的感受表達出來。阿珊感到自己有點發抖，但在導師鼓勵和組員陪伴及支持下，她繼續體驗內心的情緒，一股怒氣湧現心頭，她用力地説：「我很嬲他們呀！很嬲爸媽呀！」説罷，她哭起來。抑壓心頭已久的憤怒和傷痛終於按捺不住，以不傷害自己或他人的方式表達出來。

那刻，阿珊感到如釋重負！

不為情緒下判語

如上文所說，阻礙我們如實體會內心感受的，是對情緒的看法和評價。例如阿珊常想「憤怒是不好的！」「發怒就不是好女孩！」「我不應該惱怒爸媽！」這些想法或信念使阿珊負面評價自己的情緒，她由憤怒變為內疚，帶來內心更多痛苦。情緒出現連鎖反應，一種引發另一種或更多種情緒，一發不可收拾。但當她停止批評，即接納自己的情緒，不加予「好」或「壞」的評語，便能止息這種連鎖反應。

另外，對情緒的誤解也會妨礙我們接納自己的情緒。例如我們以為接納情緒，特別是負面的情緒（如憤怒），便會做出傷害性的行為。其實認識及表達情緒不代表任意發泄，只是幫助我們體會、承認和接納這些感受，從中釋放出來，並且善用情緒發出的動力。

全然接納自己

阿珊在接納和關懷自己的羣體中，突破過往眾多對感受的規範，逐漸能夠如實感受內心的憤怒。過往她一直害怕和逃避自己的感受，但她愈害怕，愈壓抑心裏的憤怒，就愈容易失控，把怒氣轉向自己或他人。事實上，她憤怒的對象是父母，但基於她認為作兒女的不應該惱怒父母，所以壓抑了這種感受，但卻不時「失火」及自責。現在，她不單學習如何如實地感受和接納憤怒，更透過接觸憤怒，更多認識和了解自己。縱然父母確實已離異，但現今她能夠以一個新的態度去面對事實，並嘗試勇敢向母親表達感受，希望日後仍與父親保持聯絡。

如果你感到憤怒，可以嘗試這些自我接納的對話：「是的！這刻我感到憤怒！我有憤怒的感覺是正常的！我可以憤怒！」如實地接納情緒，不作任何批評。你可在心裏慢慢地重複這些話，如果環境許可，你可以開聲説出來，直到你感到心情平復，然後可運用上文提及的方法適切處理你的憤怒情緒。

如果，你發現接納自己的感受有困難，請勿放棄，多嘗試多練習，你慢慢便學會。

尋找同路人

其實每一個人的感受都須要被明白和接納，如小朋友須要父母接納、明白及認同自己的感受。如果，在成長期經驗不到父母足夠的接納和肯定，成長後更須要經歷被明白、接納和肯定。鼓勵你建立適切的情感網絡來支援自己，找一些能夠明白、接納和給予自己正面支持的朋友，分享你的感受；又或參與一些增進自我認識和自我接納的成長小組，尋找同路人一同學習，彼此鼓勵。另外，可以接觸一些長輩、導師或生命師傅，從他們身上得到鼓勵和扶持。基督徒更可以向深愛你的上帝坦誠傾訴內心種種感受，包括憤怒，經驗上帝的陪伴、明白和接納，上帝可不會被你的憤怒嚇怕。

當你的憤怒或悲傷等創傷感受能夠被聆聽、明白和接納時，便可以治愈內心的傷痛，我們可將這些正面經驗漸漸內化，加強自我接納。

別無選擇？

場境一：

少芬在慣常流連的書店等待阿志，約定時間到了，仍不見阿志蹤影，她內心開始有點不滿：「阿志不看重與我的約會，所以不準時赴約。」再想：「阿志會否不大喜歡我，不想與我一起，所以遲遲不來？」她愈想愈生氣。

過了差不多十多分鐘，少芬想起：「阿志平日很準時，甚少遲到。但過了這麼久還沒有來，莫非他有什麼意外？」想到這裏，少芬開始感到憂慮不安，於是急忙致電阿志問個究竟。

場境二：

Dave 在慣常流連的書店等待女友嘉慧下班，約定時間到了，仍不見她的蹤影，心想：「她又遲到了！這個大頭蝦，今次又不知遺漏了什麼？」想到這些，他不禁笑起來，伸手往架上取出一本書，邊看邊等待嘉慧。

不知道你有沒有認識一些朋友，或留意到身邊有些人，不容易因受傷害或挫敗而憤怒，心境經常保持開朗和平靜？因他們較少遇到挫折或不快的遭遇？還是他們壓抑不快的感覺，沒有表露內心的憤怒？當你與他們相處，又確實感到他們那份由心而發的輕鬆和自在。為何他們會相對快樂一些，較少憤怒或不快？究竟什麼元素令他們的心情不易受外在環境或人事影響？

憤怒，你可有選擇？

希臘哲學家 Epictetus（公元前 55-135）指：「人們不是被事情困擾，而是被自己看待事情的觀點困住。」近代理性情緒治療學派（認知心理學的一種），同樣指出影響情緒的基本元素是個人所選擇的思想。這學派的 ABC 理論幫助我們明白人的思想對情緒帶來重大影響：

引發事件（Adversity）➪ 想法 / 信念（Belief）➪ 情緒 / 結果（Consequence）

讓我們從以上兩個例子看看個人的想法、信念如何影響情緒：

雖然 Dave 與少芬面對相同情況，即約會的朋友遲到（A），但因二人的想法不同（B），帶來不同的情緒及行為表現（C）。

Dave 知道女友善忘，所以想今次她遲到，大概是因她又遺漏了什麼，所以要花時間尋找，於是未能準時前來。因此「女友遲到」這外在情境沒有引發 Dave 任何不快或憤怒。於是他懷着輕鬆的心情邊看書邊等候。他的情緒和行為，源於他以合理及對自己有益的想法/信念來理解處境。

相反，少芬眾多不合理和負面的假設、猜想和期望影響她對整件事的詮釋，她的信念非常複雜，例如：「阿志遲到等同他不看重我！」「阿志不守時就是不尊重我！」「自己不夠好或不夠可愛，所以阿志不想赴約！」「其實，阿志不喜歡與我做朋友！」這一連串非黑即白的絕對性思想，和自我懷疑的負面想法，使她愈發憤怒；但她卻從沒有細察這些想法的真確性和合理性，便信以為真並視為理所當然。隨着她的思想改變，情緒也產生變化；可惜，她的想法同樣是負面假設：「這麼久他還沒有來，一定是出意外了！」導致她由憤怒不滿轉為憂慮不安。

我們對外在情況的理解，往往受到對自我和自身經驗的想法影響。基於少芬是個做事認真謹慎及非常守時的人，認為約會朋友必須準時到達，才是尊重他人的表現，所以便「認定」遲到的阿志不尊重她，將自己的處事待人信念全套在阿志身上，沒有考慮到對方的想法如何。加上過往失戀的傷痛經驗，使她對自己失卻自信，以致不時自我懷疑或懷疑他人。

尋找憤怒之源

事實上，我們或多或少也抱有一些不合理的信念、想法、要求或期望，導致在生活情境和人際關係中遇到挫敗，感到受傷害或被不公平對待，為此生氣，生活得不快樂！讓我們看看自己有沒有以下的想法：

- 我必須得到所有人喜愛
- 我永遠不應該失敗，我無法忍受失敗
- 別人一定要公平對待我
- 我為別人服務，別人應該心存感激
- 別人應該體諒明白我

幸好我們可重新選擇和調校想法，帶來情緒改變。

首先，**找出你的不合理信念**——「必須」、「應該」、「一定」的想法，主動刪除這些不切實際的想法，或改換字眼為「或許」、「可能」，這有助你從不合理的信念中釋放出來。

另外，**尋找自動化思想**，即我們對事情立時出現的想法，這些想法多是從過去累積的經驗逐漸形成的，我們常視為理所當然，不加求證，試挑戰它們的真實性。

當我們出現憤怒的情緒時，可以問自己以下問題挑戰自動化思想：

- **鐵證待判**：我的想法有證據支持或推翻嗎？（對方經常遲到嗎？）

- **轉念可能**：可否換一個想法？（對方遲到可能因交通擠塞、或被上司留住傾談公事？）

- **小心盲點**：我有沒有鑽牛角尖？（只看缺點、忘記優點？過度自責？將問題歸咎自己、誇大、以偏概全？）

- **計算代價**：我的想法對自己或別人會有好處

或壞處嗎？（請列出這想法的好處和壞處，及對自己的情緒、人際關係、解決問題、生活態度等各方面的影響）

其實，我們的思想大多以「自我對話」的形式出現，即是一個想法接另一個想法出現，如對談一般，但我們往往不自覺對自己説了太多負面的話。所以要改善情緒、處理憤怒，可以運用正面的自我鼓勵、接納、肯定和安慰的「自我對話」來取代負面及自我挫敗的「自我對話」，例如當你面對挫敗，可以説：「不要緊！我已努力了！」取代「我真沒用！是個廢人！」當你肯定自己的努力，就不用再生自己氣，或指責、打擊自己的自信。（請參考附錄 3 的例子）

生活中少不免遇上不如意或挫敗，但憤怒不一定是無可避免的。我們可以選擇積極和正面的方式及心態來處理憤怒，以合理、切合實際情況和有益的想法 / 信念來面對令人憤怒的處境。這樣不單能適切處理憤怒，更能生活得更輕鬆愉快。

是的，我們可以選擇！選擇如何思想、如何感受、如何表達、如何應對，還有……

10 有出路嗎？

憤怒告訴我們，有些事情出了錯，須要糾正，不論是要求他人公平對待或尊重，又或需要他人的賠償或道歉。但在人生的處境中，我們不一定得到絕對公平公正的待遇。對於無法彌補的傷害或關係，特別是曾傷害我們的人已經離去、不能再見或逝世時，內心的悲憤可有出路？

「這麼遠才讓我下車，但你連一句對不起也沒有說！」阿怡氣憤地責罵忘記讓她下車的小巴司機，她折返原先要去的地方，嘴裏仍埋怨：「連一句對不起也沒有！連一句對不起也沒有！」突然，她內心湧出一份悲憤，心想：「為何我仍這麼惱怒？到底我惱怒什麼？究竟我想對誰說這句話？」突然，她察覺到自己仍對多年前一段消逝了的感情感到困擾，內心仍想起那不辭而別的人，仍等待他向自己說一句：「對不起！」阿怡問自己：「我還要這樣嗎？我要一輩子怨憤下去嗎？」她心裏……出現了答案，決定……

放下與寬恕

除了糾正錯誤能消除憤怒外，放下和寬恕（letting go and forgiving）也是憤怒的另一條出路，當我們考慮用這方法來化解憤怒前，先看看什麼是「放下與寬恕」。

「放下與寬恕」不是：

- 「**算了！**」—— 很快便寬恕惹怒自己的人與事，表面上好像寬恕了，但仍舊懷恨在心，介懷對方所做的事情：「我可以寬恕，但我可忘不掉！」

- 「**記不起了！**」—— 認為隨着時間過去，會忘記對方的過錯，以為忘記就是寬恕；但其實已經發生的事，仍然會留在我們的記憶中，真正的寬恕不是「失憶」，而是對往事有不同的感受。

- **道德高台** —— 藉此將自己放於超然的位置，貶低對方，使旁人讚許自己樂於寬恕，胸襟廣闊；其實，不過在玩弄權力，是偽善的把戲。

「放下與寬恕」是：

- **承認傷痛** —— 容許自己**真誠面對內心的傷痛**，而不壓抑或否認：「我真的很嬲他！他違背了對我的承諾！」

- **放下追討**——內心決定**放下追討對方的權利**。事實上，對方確實得罪或傷害我們，我們大有理由向對方追討；但選擇放下，不再追究。這不是「不去記起」或逃避痛苦的行徑，亦不是容許對方繼續傷害自己，而是我們選擇自由。尤其當傷害我們的人已離去或離世，又或不願意重建關係。選擇放下，對於自己是一份釋放，不再受制於對方的回應。

- **明白原諒別人是一個過程**——有時，縱然我們已決定放下，又或你已接納他主動道歉，寬恕了對方；但過了一些時候，你仍會間中想起得罪自己的人和事，憤怒和怨恨又再出現，甚至想報復。雖然如此，我們仍可以選擇放下這些想法，化解憤恨。如果我們讓這些想法停留，就會繼續被困於憤怒和怨恨的監牢中，失去自由，阻礙我們發揮個人的精力和創造力，失掉了生命眾多可能性。

確實，放下與寬恕並不容易，但面對憤怒，我們還是可以選擇的。與其困在怨憤裏，何不讓自己作明智選擇，釋放他人和自己，重獲自由與生機。放下與寬恕是一個過程，只要我們選擇踏上這條路，終有一天會到達目的地。

我們要選擇放下惹怒自己的人和事，否則只會困於憤怒的監牢中，使生命失去許多可能性。

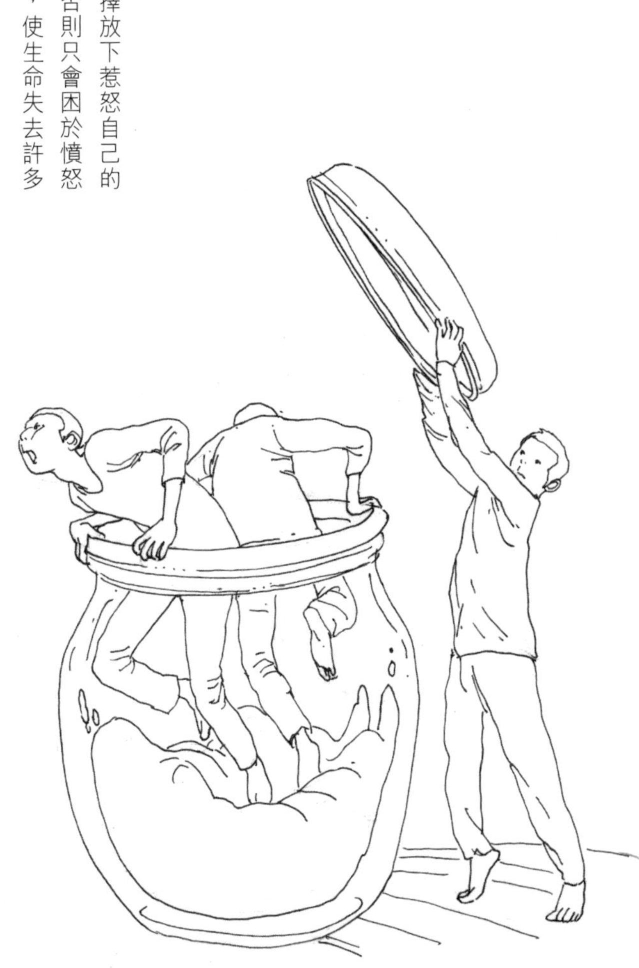

11 探索**真我**之路

對於憤怒，你可能由起初只有片面的看法或慣性反應中，漸漸增加認識，了解到成長歷程和社會文化如何影響你看待、感受、表達和處理憤怒，並且學習運用嶄新及富建設性的方式和態度來處理。在你與他人的相處上，你也可以學習到一些溝通技巧來促進溝通，以嶄新及健康的互動模式來發展正常及深入的人際關係。我相信你不單對憤怒有更多認識和了解，通過書中的練習和小測試，相信你對自己亦有很多發現和認識。透過學習接觸和明白自己的憤怒，不單學會處理及善用憤怒；在處理時，放下和寬恕他人是一個進程，不能一蹴即就，要對自己有多一點耐性和接納。

過往，你可能不太明白自己的憤怒，或者未能承認和接納它，以致損害身心靈和人際關係。現今你誠實地面對、認清和承認自己的情緒和感受，不再壓抑、否認或扭曲，才能自由地做一個有真實情感的自己——剛柔並重、情理兼備的真男人 / 女人。

當你不再受限於過往經驗、信念或處理情緒的方式，你便更深切了解自己的思想、行為、期望和價值觀，可以選擇成為一個怎樣的人。勇敢嘗試，就能成為自由和負責任的人，成為你所期望的自己，而不再是只為滿足他人期望或外在要求的「扯線公仔」。

認識自己和生命成長也是個歷程，無論你察覺、承認、接納，還是重新選擇，你都值得為自己有所學習和改變而高興。你可以欣賞自己學懂察覺個人感受、誠實承認憤怒、接納當下情緒，並且重新選擇和調校，成為一個更自覺、自主、自重、自愛和自信的人，發揮上天賜給你的生命力和無窮創意。

當你誠實面對憤怒，就有表達內心感受的自由，不用再壓抑和否認，做回真實的自己。

附錄 1

當你生氣時……

以下是與生氣有關的形容詞，可以用來描述你的感受。

震怒	大怒	急躁	焦躁
焦慮	困擾	惱怒	氣憤
憎惡	痛苦	極怒	激怒
發狂	干犯	煩躁	古怪
有敵意	厭煩	憤慨	發火

附錄 2

憤怒經驗紀錄表

1. 引發事件及日期
2. 我的生理反應
3. 我的感受
4. 憤怒的強烈度（1-10，1 最輕微，10 最強烈）
5. 我的想法 / 背後的觀點
6. 我的行為 / 動作
7. 憤怒的對象（人或事）
8. 自我對話
9. 冷靜自己的暫時措施
10. 事情的嚴重性（1-10，1 最輕微，10 最嚴重）
11. 處理憤怒的方法
12. 有使用藥物或酒精嗎？
13. 正面的自我對話

附錄 3

運用積極和正面的方法處理憤怒

	消極和負面地處理
1. 引發事件及日期	星期四跟同事在工作上發生衝突
2. 生理反應	面紅耳熱、心跳及呼吸加速
3. 內心感受	激氣、委屈、感到不公平
4. 憤怒強烈度（1-10）	9
5. 我的想法	他真霸道，説話無理
6. 我的行為 / 動作	板着面，怒視無理的同事
7. 憤怒的對象	同事，因他無理指控我
8. 自我對話	我永遠不能做到最好
9. 冷靜自己的暫時措施	沒有
10. 事情的嚴重性（1-10）	4
11. 處理憤怒的方法	一言不發地離去
12. 使用藥物或酒精嗎？	有，下班後喝了一罐啤酒
13. 正面的自我對話	沒有

	積極和正面地處理
	星期日與家人爭吵
	面紅耳熱、心跳及呼吸加速
	憤怒、感到不被信任、被貶抑
	8
	他總是不相信我
	深呼吸，然後提議待會再談
	哥哥要我跟從他的方法處理事務
	我很看重他對我的看法及認同
	往公園散步
	4
	與哥哥坦誠傾談，表達我的感受和看法
	沒有
	我有能力表達和處理這情況

參考資料

Gentry, W. D.（2000）. *Anger-Free: Ten Basic Steps To Managing Your Anger.* New York: HarperCollins Publishers.

LaHaye, T., & Phillips, B.（1982）. *Anger Is a Choice.* Grand Rapids, Michigan: Zondervan Publishing House.

Lerner, H.（2005）. *The Dance of Anger: A Woman's Guide to Changing the Patterns of Intimate Relationships*（3rd ed.）. New York: HarperCollins Publishers.

Luxmoore, N.（2006）. *Working with Anger and Young People.* London: Jessica Kingsley Publishers.

Potter-Efron, R., & Potter-Efron, P.（1995）. *Letting Go of Anger: The 10 Most Common Anger Styles and What To Do About Them.* Oakland, CA: New Harbinger Publications.

Chapman, Gary（2004）著，彭海陽譯：《愛・憤怒・寬恕》（*The Other Side of Love*）。台北：雅歌出版社。

Ellis, Albert（2002）著，廣梅芳譯：《別跟情緒過不去》（*Feeling Better, Getting Better, Staying Better*）。台北：張老師文化。

Freeman-Longo, R. E. & Cullen, M.（2000）合著，林明傑、劉小菁譯：《如何好好生氣：憤怒模式工作手冊》（*Men & Anger : Understanding Your Anger for a Much Better Life*）。台北：張老師文化

Goleman, D.（1996）著，張美惠譯：《EQ》（*Emotional Intelligence*）。台北：時報文化出版企業股份有限公司。

Hart, A. D.（1996）著，曾彩霞譯：《解開情緒之謎》（*Unlocking the Mystery of Your Emotions*）。香港：浸信會

出版社。

Satir, V., Banmen, J., Gerber, J., Gomori, M.（1998）合著，林沈明瑩、陳登義、楊蓓譯：《薩提爾的家族治療模式》(*The Satir Model — Family Therapy and Beyond*)。台北：張老師文化。

Steiner, C.（1999）著，李毓昭譯：《別再鬧情緒》(*Achieving Emotional Literacy*)。台北：晨星出版社。

Whitehead, James D., & Whitehead, Evelyn E.（2003）合著，黃佩芳譯：《心靈魅影——轉化創痛情感的靈修》(*Shadows of the Heart: A Spirituality of the Painful Emotions*)。香港：道風山基督教叢林。

葛琳卡（2007）:《情緒四重奏：同行生命的憂怒哀樂》。香港：基道出版社。

李兆康、區祥江（2002）:《情緒有益》（再版）。香港：突破出版社。

蕭宏展（2001）:《躍出深淵：抑鬱症的成因與治療》（再版）。香港：突破出版社。

〈嶺南大學公布香港人應付憤怒情緒的策略研究報告〉新聞稿 http://www.ln.edu.hk/cht/news/20071122/01, 1 March 2010.

感覺•我

在情緒的錯覺中　走下陰沉的梯角
才得見那片寬闊之地　而成長就在那裏開始

無嫉而愛

作者：沈淑文

失戀好痛

作者：馬妙如

完美有病

作者：沈淑文

擺脫憂癮

作者：林建榮

品味寂寞

作者：區祥江

卑情夠了

作者：伍詠光

喜有恥理

作者：黃麗彰

反恐無懼

作者：歐景光

怒出真相

作者：黃玉薇

「感覺．我」情緒系列

即將出版：

無聊